1

Grit Adler

Mein Lesetagebuch

FSC
www.fsc.org

MIX

Papier aus ver-
antwortungsvollen
Quellen
Paper from
responsible sources

FSC® C105338

Herstellung und Verlag:
BoD – Books on Demand, Norderstedt
ISBN: 978-3-7504-8802-1

Dieses Lesetagebuch gehört:

_____

Liebe Leserin, lieber Leser!

Schön, dass Sie sich für dieses Lesetagebuch als Begleiter entschieden haben.

Es soll Ihnen dazu dienen, Ihre Erinnerungen an die von Ihnen gelesenen Bücher sowie Ihre Wunschliste der Bücher, die Sie gerne noch lesen würden, langfristig zu bewahren.

Das weitere Buch ist so aufgebaut:

Zuerst finden Sie eine Liste, in der Sie Ihre Lieblingsbücher eintragen können.

In der zweiten Liste können Sie Ihre bereits gelesenen Bücher eintragen. Gleich im Anschluß finden Sie eine Übersicht, in der Sie über jedes gelesene Buch einige Details eintragen können.

Die letzte Liste ist Ihre Wunschliste der Bücher, die Sie gerne noch lesen würden.

Letztlich bleibt nur noch eines zu sagen: Ihnen viel Freude beim Lesen!

Meine Lieblingsbücher

Hier können Sie Ihre Lieblingsbücher aufschreiben.
Wenn Sie wollen, können Sie auch noch ein paar weitere
Informationen dazuschreiben, z. B. wieso diese Bücher
Ihre Lieblingsbücher sind.

_____

_____

_____

_____

_____

_____

_____

_____

_____

_____

_____

_____

Meine bereits gelesenen Bücher

Hier können Sie Ihre bereits gelesenen Bücher aufschreiben.

_____

_____

_____

_____

_____

_____

_____

_____

_____

_____

_____

_____

Meine gelesenen Bücher im Detail:

Buchtitel: _____

Autor: _____

wann erschienen: _____

wo erschienen: _____

ISBN: _____

Mir hat das Buch

□ sehr gut gefallen   □ gut gefallen

□ gefallen   □ weniger gefallen

□ gar nicht gefallen

weil: _____

Wann habe ich das Buch zu lesen begonnen? _____

Wann hatte ich es fertig gelesen? _____

Um was geht es in dem Buch?

_____

_____

_____

_____

_____

_____

_____

_____

Meine Lieblingsstelle bzw. -seite:

_____

_____

_____

Werde ich es noch einmal lesen? _____

Werde ich es weiter empfehlen? _____

Was ich mir noch darüber notieren möchte:

_____

_____

_____

Meine gelesenen Bücher im Detail:

Buchtitel: _____

Autor: _____

wann erschienen: _____

wo erschienen: _____

ISBN: _____

Mir hat das Buch

□ sehr gut gefallen   □ gut gefallen

□ gefallen   □ weniger gefallen

□ gar nicht gefallen

weil: _____

Wann habe ich das Buch zu lesen begonnen? _____

Wann hatte ich es fertig gelesen? _____

Um was geht es in dem Buch?

_____

_____

_____

_____

_____

_____

_____

_____

Meine Lieblingsstelle bzw. -seite:

_____

_____

_____

Werde ich es noch einmal lesen? _____

Werde ich es weiter empfehlen? _____

Was ich mir noch darüber notieren möchte:

_____

_____

_____

Meine gelesenen Bücher im Detail:

Buchtitel: _____

Autor: _____

wann erschienen: _____

wo erschienen: _____

ISBN: _____

Mir hat das Buch

□ sehr gut gefallen   □ gut gefallen

□ gefallen   □ weniger gefallen

□ gar nicht gefallen

weil: _____

Wann habe ich das Buch zu lesen begonnen? _____

Wann hatte ich es fertig gelesen? _____

Um was geht es in dem Buch?

_____

_____

_____

_____

_____

_____

_____

_____

Meine Lieblingsstelle bzw. -seite:

_____

_____

_____

Werde ich es noch einmal lesen? _____

Werde ich es weiter empfehlen? _____

Was ich mir noch darüber notieren möchte:

_____

_____

_____

Meine gelesenen Bücher im Detail:

Buchtitel: _____

Autor: _____

wann erschienen: _____

wo erschienen: _____

ISBN: _____

Mir hat das Buch

☐ sehr gut gefallen   ☐ gut gefallen

☐ gefallen   ☐ weniger gefallen

☐ gar nicht gefallen

weil: _____

Wann habe ich das Buch zu lesen begonnen? _____

Wann hatte ich es fertig gelesen? _____

Um was geht es in dem Buch?

_____

_____

_____

_____

_____

_____

_____

_____

Meine Lieblingsstelle bzw. -seite:

_____

_____

_____

Werde ich es noch einmal lesen? _____

Werde ich es weiter empfehlen? _____

Was ich mir noch darüber notieren möchte:

_____

_____

_____

Meine gelesenen Bücher im Detail:

Buchtitel: _____

Autor: _____

wann erschienen: _____

wo erschienen: _____

ISBN: _____

Mir hat das Buch

□ sehr gut gefallen   □ gut gefallen

□ gefallen   □ weniger gefallen

□ gar nicht gefallen

weil: _____

Wann habe ich das Buch zu lesen begonnen? _____

Wann hatte ich es fertig gelesen? _____

Um was geht es in dem Buch?

_____

_____

_____

_____

_____

_____

_____

Meine Lieblingsstelle bzw. -seite:

_____

_____

_____

Werde ich es noch einmal lesen? _____

Werde ich es weiter empfehlen? _____

Was ich mir noch darüber notieren möchte:

_____

_____

_____

Meine gelesenen Bücher im Detail:

Buchtitel: _____

Autor: _____

wann erschienen: _____

wo erschienen: _____

ISBN: _____

Mir hat das Buch

□ sehr gut gefallen   □ gut gefallen

□ gefallen   □ weniger gefallen

□ gar nicht gefallen

weil: _____

Wann habe ich das Buch zu lesen begonnen? _____

Wann hatte ich es fertig gelesen? _____

Um was geht es in dem Buch?

_____

_____

_____

_____

_____

_____

_____

_____

Meine Lieblingsstelle bzw. -seite:

_____

_____

_____

Werde ich es noch einmal lesen? _____

Werde ich es weiter empfehlen? _____

Was ich mir noch darüber notieren möchte:

_____

_____

_____

Meine gelesenen Bücher im Detail:

Buchtitel: _____

Autor: _____

wann erschienen: _____

wo erschienen: _____

ISBN: _____

Mir hat das Buch

□ sehr gut gefallen   □ gut gefallen

□ gefallen   □ weniger gefallen

□ gar nicht gefallen

weil: _____

Wann habe ich das Buch zu lesen begonnen? _____

Wann hatte ich es fertig gelesen? _____

Um was geht es in dem Buch?

_____

_____

_____

_____

_____

_____

_____

_____

Meine Lieblingsstelle bzw. -seite:

_____

_____

_____

Werde ich es noch einmal lesen? _____

Werde ich es weiter empfehlen? _____

Was ich mir noch darüber notieren möchte:

_____

_____

_____

Meine gelesenen Bücher im Detail:

Buchtitel: _____

Autor: _____

wann erschienen: _____

wo erschienen: _____

ISBN: _____

Mir hat das Buch

☐ sehr gut gefallen   ☐ gut gefallen

☐ gefallen   ☐ weniger gefallen

☐ gar nicht gefallen

weil: _____

Wann habe ich das Buch zu lesen begonnen? _____

Wann hatte ich es fertig gelesen? _____

Um was geht es in dem Buch?

_____

_____

_____

_____

_____

_____

_____

_____

Meine Lieblingsstelle bzw. -seite:

_____

_____

_____

Werde ich es noch einmal lesen? _____

Werde ich es weiter empfehlen? _____

Was ich mir noch darüber notieren möchte:

_____

_____

_____

Meine gelesenen Bücher im Detail:

Buchtitel: _____

Autor: _____

wann erschienen: _____

wo erschienen: _____

ISBN: _____

Mir hat das Buch

□ sehr gut gefallen   □ gut gefallen

□ gefallen   □ weniger gefallen

□ gar nicht gefallen

weil: _____

Wann habe ich das Buch zu lesen begonnen? _____

Wann hatte ich es fertig gelesen? _____

Um was geht es in dem Buch?

_____

_____

_____

_____

_____

_____

_____

_____

Meine Lieblingsstelle bzw. -seite:

_____

_____

_____

Werde ich es noch einmal lesen? _____

Werde ich es weiter empfehlen? _____

Was ich mir noch darüber notieren möchte:

_____

_____

_____

Meine gelesenen Bücher im Detail:

Buchtitel: _____

Autor: _____

wann erschienen: _____

wo erschienen: _____

ISBN: _____

Mir hat das Buch

□ sehr gut gefallen   □ gut gefallen

□ gefallen   □ weniger gefallen

□ gar nicht gefallen

weil: _____

Wann habe ich das Buch zu lesen begonnen? _____

Wann hatte ich es fertig gelesen? _____

Um was geht es in dem Buch?

_____

_____

_____

_____

_____

_____

_____

_____

Meine Lieblingsstelle bzw. -seite:

_____

_____

_____

Werde ich es noch einmal lesen? _____

Werde ich es weiter empfehlen? _____

Was ich mir noch darüber notieren möchte:

_____

_____

_____

Meine gelesenen Bücher im Detail:

Buchtitel: _____

Autor: _____

wann erschienen: _____

wo erschienen: _____

ISBN: _____

Mir hat das Buch

☐ sehr gut gefallen ☐ gut gefallen

☐ gefallen ☐ weniger gefallen

☐ gar nicht gefallen

weil: _____

Wann habe ich das Buch zu lesen begonnen? _____

Wann hatte ich es fertig gelesen? _____

Um was geht es in dem Buch?

_____

_____

_____

_____

_____

_____

_____

_____

Meine Lieblingsstelle bzw. -seite:

_____

_____

_____

Werde ich es noch einmal lesen? _____

Werde ich es weiter empfehlen? _____

Was ich mir noch darüber notieren möchte:

_____

_____

_____

Meine gelesenen Bücher im Detail:

Buchtitel: _____

Autor: _____

wann erschienen: _____

wo erschienen: _____

ISBN: _____

Mir hat das Buch

□ sehr gut gefallen   □ gut gefallen

□ gefallen   □ weniger gefallen

□ gar nicht gefallen

weil: _____

Wann habe ich das Buch zu lesen begonnen? _____

Wann hatte ich es fertig gelesen? _____

Um was geht es in dem Buch?

_____

_____

_____

_____

_____

_____

_____

_____

Meine Lieblingsstelle bzw. -seite:

_____

_____

_____

Werde ich es noch einmal lesen? _____

Werde ich es weiter empfehlen? _____

Was ich mir noch darüber notieren möchte:

_____

_____

_____

Meine gelesenen Bücher im Detail:

Buchtitel: _____

Autor: _____

wann erschienen: _____

wo erschienen: _____

ISBN: _____

Mir hat das Buch

□ sehr gut gefallen   □ gut gefallen

□ gefallen   □ weniger gefallen

□ gar nicht gefallen

weil: _____

Wann habe ich das Buch zu lesen begonnen? _____

Wann hatte ich es fertig gelesen? _____

Um was geht es in dem Buch?

_____

_____

_____

_____

_____

_____

_____

_____

Meine Lieblingsstelle bzw. -seite:

_____

_____

_____

Werde ich es noch einmal lesen? _____

Werde ich es weiter empfehlen? _____

Was ich mir noch darüber notieren möchte:

_____

_____

_____

Meine gelesenen Bücher im Detail:

Buchtitel: _____

Autor: _____

wann erschienen: _____

wo erschienen: _____

ISBN: _____

Mir hat das Buch

□ sehr gut gefallen   □ gut gefallen

□ gefallen   □ weniger gefallen

□ gar nicht gefallen

weil: _____

Wann habe ich das Buch zu lesen begonnen? _____

Wann hatte ich es fertig gelesen? _____

Um was geht es in dem Buch?

_____

_____

_____

_____

_____

_____

_____

_____

Meine Lieblingsstelle bzw. -seite:

_____

_____

_____

Werde ich es noch einmal lesen? _____

Werde ich es weiter empfehlen? _____

Was ich mir noch darüber notieren möchte:

_____

_____

_____

Meine gelesenen Bücher im Detail:

Buchtitel: _____

Autor: _____

wann erschienen: _____

wo erschienen: _____

ISBN: _____

Mir hat das Buch

☐ sehr gut gefallen   ☐ gut gefallen

☐ gefallen   ☐ weniger gefallen

☐ gar nicht gefallen

weil: _____

Wann habe ich das Buch zu lesen begonnen? _____

Wann hatte ich es fertig gelesen? _____

Um was geht es in dem Buch?

_____

_____

_____

_____

_____

_____

_____

_____

Meine Lieblingsstelle bzw. -seite:

_____

_____

_____

Werde ich es noch einmal lesen? _____

Werde ich es weiter empfehlen? _____

Was ich mir noch darüber notieren möchte:

_____

_____

_____

Meine gelesenen Bücher im Detail:

Buchtitel: _____

Autor: _____

wann erschienen: _____

wo erschienen: _____

ISBN: _____

Mir hat das Buch

☐ sehr gut gefallen   ☐ gut gefallen

☐ gefallen   ☐ weniger gefallen

☐ gar nicht gefallen

weil: _____

Wann habe ich das Buch zu lesen begonnen? _____

Wann hatte ich es fertig gelesen? _____

Um was geht es in dem Buch?

_____

_____

_____

_____

_____

_____

_____

_____

Meine Lieblingsstelle bzw. -seite:

_____

_____

_____

Werde ich es noch einmal lesen? _____

Werde ich es weiter empfehlen? _____

Was ich mir noch darüber notieren möchte:

_____

_____

_____

Meine gelesenen Bücher im Detail:

Buchtitel: _____

Autor: _____

wann erschienen: _____

wo erschienen: _____

ISBN: _____

Mir hat das Buch

□ sehr gut gefallen   □ gut gefallen

□ gefallen   □ weniger gefallen

□ gar nicht gefallen

weil: _____

Wann habe ich das Buch zu lesen begonnen? _____

Wann hatte ich es fertig gelesen? _____

Um was geht es in dem Buch?

_____

_____

_____

_____

_____

_____

_____

_____

Meine Lieblingsstelle bzw. -seite:

_____

_____

_____

Werde ich es noch einmal lesen? _____

Werde ich es weiter empfehlen? _____

Was ich mir noch darüber notieren möchte:

_____

_____

_____

Meine gelesenen Bücher im Detail:

Buchtitel: _____

Autor: _____

wann erschienen: _____

wo erschienen: _____

ISBN: _____

Mir hat das Buch

□ sehr gut gefallen   □ gut gefallen

□ gefallen   □ weniger gefallen

□ gar nicht gefallen

weil: _____

Wann habe ich das Buch zu lesen begonnen? _____

Wann hatte ich es fertig gelesen? _____

Um was geht es in dem Buch?

_____

_____

_____

_____

_____

_____

_____

_____

Meine Lieblingsstelle bzw. -seite:

_____

_____

_____

Werde ich es noch einmal lesen? _____

Werde ich es weiter empfehlen? _____

Was ich mir noch darüber notieren möchte:

_____

_____

_____

Meine gelesenen Bücher im Detail:

Buchtitel: _____

Autor: _____

wann erschienen: _____

wo erschienen: _____

ISBN: _____

Mir hat das Buch

☐ sehr gut gefallen   ☐ gut gefallen

☐ gefallen   ☐ weniger gefallen

☐ gar nicht gefallen

weil: _____

Wann habe ich das Buch zu lesen begonnen? _____

Wann hatte ich es fertig gelesen? _____

Um was geht es in dem Buch?

_____

_____

_____

_____

_____

_____

_____

_____

Meine Lieblingsstelle bzw. -seite:

_____

_____

_____

Werde ich es noch einmal lesen? _____

Werde ich es weiter empfehlen? _____

Was ich mir noch darüber notieren möchte:

_____

_____

_____

Meine gelesenen Bücher im Detail:

Buchtitel: _____

Autor: _____

wann erschienen: _____

wo erschienen: _____

ISBN: _____

Mir hat das Buch

□ sehr gut gefallen   □ gut gefallen

□ gefallen   □ weniger gefallen

□ gar nicht gefallen

weil: _____

Wann habe ich das Buch zu lesen begonnen? _____

Wann hatte ich es fertig gelesen? _____

Um was geht es in dem Buch?

_____

_____

_____

_____

_____

_____

_____

_____

Meine Lieblingsstelle bzw. -seite:

_____

_____

_____

Werde ich es noch einmal lesen? _____

Werde ich es weiter empfehlen? _____

Was ich mir noch darüber notieren möchte:

_____

_____

_____

Meine gelesenen Bücher im Detail:

Buchtitel: _____

Autor: _____

wann erschienen: _____

wo erschienen: _____

ISBN: _____

Mir hat das Buch

□ sehr gut gefallen   □ gut gefallen

□ gefallen   □ weniger gefallen

□ gar nicht gefallen

weil: _____

Wann habe ich das Buch zu lesen begonnen? _____

Wann hatte ich es fertig gelesen? _____

Um was geht es in dem Buch?

_____

_____

_____

_____

_____

_____

_____

_____

Meine Lieblingsstelle bzw. -seite:

_____

_____

_____

Werde ich es noch einmal lesen? _____

Werde ich es weiter empfehlen? _____

Was ich mir noch darüber notieren möchte:

_____

_____

_____

Meine gelesenen Bücher im Detail:

Buchtitel: _____

Autor: _____

wann erschienen: _____

wo erschienen: _____

ISBN: _____

Mir hat das Buch

□ sehr gut gefallen   □ gut gefallen

□ gefallen   □ weniger gefallen

□ gar nicht gefallen

weil: _____

Wann habe ich das Buch zu lesen begonnen? _____

Wann hatte ich es fertig gelesen? _____

Um was geht es in dem Buch?

_____

_____

_____

_____

_____

_____

_____

_____

Meine Lieblingsstelle bzw. -seite:

_____

_____

_____

Werde ich es noch einmal lesen? _____

Werde ich es weiter empfehlen? _____

Was ich mir noch darüber notieren möchte:

_____

_____

_____

Meine gelesenen Bücher im Detail:

Buchtitel: _____

Autor: _____

wann erschienen: _____

wo erschienen: _____

ISBN: _____

Mir hat das Buch

□ sehr gut gefallen □ gut gefallen

□ gefallen □ weniger gefallen

□ gar nicht gefallen

weil: _____

Wann habe ich das Buch zu lesen begonnen? _____

Wann hatte ich es fertig gelesen? _____

Um was geht es in dem Buch?

_____

_____

_____

_____

_____

_____

_____

_____

Meine Lieblingsstelle bzw. -seite:

_____

_____

_____

Werde ich es noch einmal lesen? _____

Werde ich es weiter empfehlen? _____

Was ich mir noch darüber notieren möchte:

_____

_____

_____

Meine gelesenen Bücher im Detail:

Buchtitel: _____

Autor: _____

wann erschienen: _____

wo erschienen: _____

ISBN: _____

Mir hat das Buch

□ sehr gut gefallen   □ gut gefallen

□ gefallen   □ weniger gefallen

□ gar nicht gefallen

weil: _____

Wann habe ich das Buch zu lesen begonnen? _____

Wann hatte ich es fertig gelesen? _____

Um was geht es in dem Buch?

_____

_____

_____

_____

_____

_____

_____

Meine Lieblingsstelle bzw. -seite:

_____

_____

_____

Werde ich es noch einmal lesen? _____

Werde ich es weiter empfehlen? _____

Was ich mir noch darüber notieren möchte:

_____

_____

_____

Meine gelesenen Bücher im Detail:

Buchtitel: _____

Autor: _____

wann erschienen: _____

wo erschienen: _____

ISBN: _____

Mir hat das Buch

☐ sehr gut gefallen   ☐ gut gefallen

☐ gefallen   ☐ weniger gefallen

☐ gar nicht gefallen

weil: _____

Wann habe ich das Buch zu lesen begonnen? _____

Wann hatte ich es fertig gelesen? _____

Um was geht es in dem Buch?

_____

_____

_____

_____

_____

_____

_____

_____

Meine Lieblingsstelle bzw. -seite:

_____

_____

_____

Werde ich es noch einmal lesen? _____

Werde ich es weiter empfehlen? _____

Was ich mir noch darüber notieren möchte:

_____

_____

_____

Meine gelesenen Bücher im Detail:

Buchtitel: _____

Autor: _____

wann erschienen: _____

wo erschienen: _____

ISBN: _____

Mir hat das Buch

□ sehr gut gefallen   □ gut gefallen

□ gefallen   □ weniger gefallen

□ gar nicht gefallen

weil: _____

Wann habe ich das Buch zu lesen begonnen? _____

Wann hatte ich es fertig gelesen? _____

Um was geht es in dem Buch?

_____

_____

_____

_____

_____

_____

_____

_____

Meine Lieblingsstelle bzw. -seite:

_____

_____

_____

Werde ich es noch einmal lesen? _____

Werde ich es weiter empfehlen? _____

Was ich mir noch darüber notieren möchte:

_____

_____

_____

Meine gelesenen Bücher im Detail:

Buchtitel: _____

Autor: _____

wann erschienen: _____

wo erschienen: _____

ISBN: _____

Mir hat das Buch

□ sehr gut gefallen   □ gut gefallen

□ gefallen   □ weniger gefallen

□ gar nicht gefallen

weil: _____

Wann habe ich das Buch zu lesen begonnen? _____

Wann hatte ich es fertig gelesen? _____

Um was geht es in dem Buch?

_____

_____

_____

_____

_____

_____

_____

_____

Meine Lieblingsstelle bzw. -seite:

_____

_____

_____

Werde ich es noch einmal lesen? _____

Werde ich es weiter empfehlen? _____

Was ich mir noch darüber notieren möchte:

_____

_____

_____

Meine gelesenen Bücher im Detail:

Buchtitel: _____

Autor: _____

wann erschienen: _____

wo erschienen: _____

ISBN: _____

Mir hat das Buch

□ sehr gut gefallen   □ gut gefallen

□ gefallen   □ weniger gefallen

□ gar nicht gefallen

weil: _____

Wann habe ich das Buch zu lesen begonnen? _____

Wann hatte ich es fertig gelesen? _____

Um was geht es in dem Buch?

_____

_____

_____

_____

_____

_____

_____

_____

Meine Lieblingsstelle bzw. -seite:

_____

_____

_____

Werde ich es noch einmal lesen? _____

Werde ich es weiter empfehlen? _____

Was ich mir noch darüber notieren möchte:

_____

_____

_____

Meine gelesenen Bücher im Detail:

Buchtitel: _____

Autor: _____

wann erschienen: _____

wo erschienen: _____

ISBN: _____

Mir hat das Buch

□ sehr gut gefallen   □ gut gefallen

□ gefallen   □ weniger gefallen

□ gar nicht gefallen

weil: _____

Wann habe ich das Buch zu lesen begonnen? _____

Wann hatte ich es fertig gelesen? _____

Um was geht es in dem Buch?

_____

_____

_____

_____

_____

_____

_____

_____

Meine Lieblingsstelle bzw. -seite:

_____

_____

_____

Werde ich es noch einmal lesen? _____

Werde ich es weiter empfehlen? _____

Was ich mir noch darüber notieren möchte:

_____

_____

_____

Meine gelesenen Bücher im Detail:

Buchtitel: _____

Autor: _____

wann erschienen: _____

wo erschienen: _____

ISBN: _____

Mir hat das Buch

☐ sehr gut gefallen   ☐ gut gefallen

☐ gefallen   ☐ weniger gefallen

☐ gar nicht gefallen

weil: _____

Wann habe ich das Buch zu lesen begonnen? _____

Wann hatte ich es fertig gelesen? _____

Um was geht es in dem Buch?

_____

_____

_____

_____

_____

_____

_____

_____

Meine Lieblingsstelle bzw. -seite:

_____

_____

_____

Werde ich es noch einmal lesen? _____

Werde ich es weiter empfehlen? _____

Was ich mir noch darüber notieren möchte:

_____

_____

_____

Meine gelesenen Bücher im Detail:

Buchtitel: _____

Autor: _____

wann erschienen: _____

wo erschienen: _____

ISBN: _____

Mir hat das Buch

□ sehr gut gefallen   □ gut gefallen

□ gefallen   □ weniger gefallen

□ gar nicht gefallen

weil: _____

Wann habe ich das Buch zu lesen begonnen? _____

Wann hatte ich es fertig gelesen? _____

Um was geht es in dem Buch?

_____

_____

_____

_____

_____

_____

_____

_____

Meine Lieblingsstelle bzw. -seite:

_____

_____

_____

Werde ich es noch einmal lesen? _____

Werde ich es weiter empfehlen? _____

Was ich mir noch darüber notieren möchte:

_____

_____

_____

Meine gelesenen Bücher im Detail:

Buchtitel: _____

Autor: _____

wann erschienen: _____

wo erschienen: _____

ISBN: _____

Mir hat das Buch

☐ sehr gut gefallen   ☐ gut gefallen

☐ gefallen   ☐ weniger gefallen

☐ gar nicht gefallen

weil: _____

Wann habe ich das Buch zu lesen begonnen? _____

Wann hatte ich es fertig gelesen? _____

Um was geht es in dem Buch?

_____

_____

_____

_____

_____

_____

_____

_____

Meine Lieblingsstelle bzw. -seite:

_____

_____

_____

Werde ich es noch einmal lesen? _____

Werde ich es weiter empfehlen? _____

Was ich mir noch darüber notieren möchte:

_____

_____

_____

Meine gelesenen Bücher im Detail:

Buchtitel: _____

Autor: _____

wann erschienen: _____

wo erschienen: _____

ISBN: _____

Mir hat das Buch

□ sehr gut gefallen   □ gut gefallen

□ gefallen   □ weniger gefallen

□ gar nicht gefallen

weil: _____

Wann habe ich das Buch zu lesen begonnen? _____

Wann hatte ich es fertig gelesen? _____

Um was geht es in dem Buch?

_____

_____

_____

_____

_____

_____

_____

_____

Meine Lieblingsstelle bzw. -seite:

_____

_____

_____

Werde ich es noch einmal lesen? _____

Werde ich es weiter empfehlen? _____

Was ich mir noch darüber notieren möchte:

_____

_____

_____

Meine gelesenen Bücher im Detail:

Buchtitel: _____

Autor: _____

wann erschienen: _____

wo erschienen: _____

ISBN: _____

Mir hat das Buch

□ sehr gut gefallen   □ gut gefallen

□ gefallen   □ weniger gefallen

□ gar nicht gefallen

weil: _____

Wann habe ich das Buch zu lesen begonnen? _____

Wann hatte ich es fertig gelesen? _____

Um was geht es in dem Buch?

_____

_____

_____

_____

_____

_____

_____

_____

Meine Lieblingsstelle bzw. -seite:

_____

_____

_____

Werde ich es noch einmal lesen? _____

Werde ich es weiter empfehlen? _____

Was ich mir noch darüber notieren möchte:

_____

_____

_____

Meine gelesenen Bücher im Detail:

Buchtitel: _____

Autor: _____

wann erschienen: _____

wo erschienen: _____

ISBN: _____

Mir hat das Buch

□ sehr gut gefallen   □ gut gefallen

□ gefallen   □ weniger gefallen

□ gar nicht gefallen

weil: _____

Wann habe ich das Buch zu lesen begonnen? _____

Wann hatte ich es fertig gelesen? _____

Um was geht es in dem Buch?

_____

_____

_____

_____

_____

_____

_____

_____

Meine Lieblingsstelle bzw. -seite:

_____

_____

_____

Werde ich es noch einmal lesen? _____

Werde ich es weiter empfehlen? _____

Was ich mir noch darüber notieren möchte:

_____

_____

_____

Meine gelesenen Bücher im Detail:

Buchtitel: _____

Autor: _____

wann erschienen: _____

wo erschienen: _____

ISBN: _____

Mir hat das Buch

☐ sehr gut gefallen   ☐ gut gefallen

☐ gefallen   ☐ weniger gefallen

☐ gar nicht gefallen

weil: _____

Wann habe ich das Buch zu lesen begonnen? _____

Wann hatte ich es fertig gelesen? _____

Um was geht es in dem Buch?

_____

_____

_____

_____

_____

_____

_____

_____

Meine Lieblingsstelle bzw. -seite:

_____

_____

_____

Werde ich es noch einmal lesen? _____

Werde ich es weiter empfehlen? _____

Was ich mir noch darüber notieren möchte:

_____

_____

_____

Meine gelesenen Bücher im Detail:

Buchtitel: _____

Autor: _____

wann erschienen: _____

wo erschienen: _____

ISBN: _____

Mir hat das Buch

□ sehr gut gefallen   □ gut gefallen

□ gefallen   □ weniger gefallen

□ gar nicht gefallen

weil: _____

Wann habe ich das Buch zu lesen begonnen? _____

Wann hatte ich es fertig gelesen? _____

Um was geht es in dem Buch?

_____

_____

_____

_____

_____

_____

_____

_____

Meine Lieblingsstelle bzw. -seite:

_____

_____

_____

Werde ich es noch einmal lesen? _____

Werde ich es weiter empfehlen? _____

Was ich mir noch darüber notieren möchte:

_____

_____

_____

Die Bücher, die ich gerne noch lesen will

.